BEI GRIN MACHT SICH IHR WISSEN BEZAHLT

AF137359

- Wir veröffentlichen Ihre Hausarbeit, Bachelor- und Masterarbeit

- Ihr eigenes eBook und Buch - weltweit in allen wichtigen Shops

- Verdienen Sie an jedem Verkauf

Jetzt bei www.GRIN.com hochladen und kostenlos publizieren

Ist der Vertrag von Aachen ein Beispiel für die Umsetzung realistischer Politik?

Die außen- und sicherheitspolitischen Bestrebungen beider Länder in der Ergänzung zum Élysée-Vertrag über die deutsch-französische Zusammenarbeit anhand der Theorie des Realismus

Benjamin Waldmann

Bibliografische Information der Deutschen Nationalbibliothek:

Die Deutsche Nationalbibliothek verzeichnet diese Publikation in der
Deutschen Nationalbibliografie; detaillierte bibliografische Daten sind
im Internet über http://dnb.d-nb.de abrufbar.

ISBN: 9783346475695
Dieses Buch ist auch als E-Book erhältlich.

© GRIN Publishing GmbH
Nymphenburger Straße 86
80636 München

Druck und Bindung: Books on Demand GmbH, Norderstedt Germany
Gedruckt auf säurefreiem Papier aus verantwortungsvollen Quellen

Das Buch bei GRIN: https://www.grin.com/document/1064736

Universität Bielefeld
Fakultät für Soziologie
Veranstaltung: Einführung in die internationalen Beziehungen
Wintersemester 2018/2019
Verfasser: Benjamin Waldmann
Datum: 21.03.2019

**Ist der Vertrag von Aachen ein
Beispiel für die Umsetzung realistischer Politik?**

Die außen- und sicherheitspolitischen Bestrebungen beider Länder
in der Ergänzung zum Élysée-Vertrag
über die deutsch-französische Zusammenarbeit
unter Berücksichtigung der Theorie des Realismus.

Hausarbeit

Inhaltsverzeichnis

1. Einleitung

Die Replik der CDU-Bundesvorsitzenden Annegret Kramp-Karrenbauer auf den wenige Tage vorher erschienenen Appell „Für einen Neubeginn in Europa" des französischen Präsidenten Emmanuel Macron, welche am 10. März 2019 in der Zeitung „Welt am Sonntag" erschien, wird im Élysée-Palast genau gelesen worden sein. Darin betont sie im Bereich der Außen- und Sicherheitspolitik: „Die EU sollte künftig mit einem gemeinsamen ständigen Sitz im Sicherheitsrat der Vereinten Nationen vertreten sein." (Kramp-Karrenbauer 2019, online) - Auch wenn nicht explizit erwähnt, so bedeutet ein gemeinsamer EU-Sitz den Verzicht Frankreichs auf seinen ständigen Sitz im UN-Sicherheitsrat. Dies wird auch deswegen zu Verwunderung geführt haben, da es gerade erst 47 Tage her war, dass Präsident Macron unterschrieb, dass sich Frankreich für die Aufnahme der Bundesrepublik selbst als ständiges Mitglied im Sicherheitsrat einsetzen würde. Diese Unterschrift setzte er am 22. Januar 2019 in Aachen unter den neuen Freundschaftsvertrag der beiden Länder.

Dieser Vertrag von Aachen - mit vollständigen Titel: „Vertrag zwischen der Bundesrepublik Deutschland und der Französischen Republik über die deutsch-französische Zusammenarbeit und Integration" - ist eine Ergänzung zum Élysée-Vertrag vom 22. Januar 1963. Diese Erneuerung des historischen Freundschaftsvertrages regte Macron im September 2017 bei einer Rede vor der Pariser Sorbonne-Universität an, wo er Deutschland „in erster Linie eine neue Partnerschaft" (Französische Botschaft, online) vorschlug. Ähnliche Formulierungen finden sich nun im unterschriebenen Vertrag, in dem in der Präambel die „enge Freundschaft zwischen Deutschland und Frankreich" als Grundlage für eine starke Europäische Union gesehen wird und es an der Zeit wäre, die „bilateralen Beziehungen auf eine neue Stufe zu heben". Nach Jahrhunderten der Feindschaft, zweier Weltkriege und gegenseitiger Ressentiments ist der Élysée-Vertrag 56 Jahre später erneuert und vertieft worden. Und es stellt sich die Frage: Ist das europäische Idealismus oder Ausdruck realistischer Politikansätze?

Widersprechen ein Freundschaftsvertrag, die enge Abstimmung und Konvergenz zweier Staaten und gegenseitige Unterstützung und Zusammenwirken in supra- bzw. internationalen Institutionen wie EU und UN deutlich der Theorie des Realismus? Zeigt gar eine derartige Zusammenarbeit und das Streben nach gemeinsamer Außen- und Sicherheitspolitik, dass die Konzepte realistischer Politik überholt sind, in der angenommen wird, dass Staaten mit anderen Staaten in einem anarchischen Staatensystem um Macht und Sicherheit konkurrieren und „more for one actor [...] less for another" bedeutet? (Dunne & Schmidt 2017, S. 110) Oder ist durch ähnlich gelagertes Macht- und Sicherheitsinteresse der beiden souveränen Staaten, Nachbarn und EU-Mitgliedern Frankreich und Deutschland so ein Vertrag insbesondere Ausdruck realistischer Politik? Diesen Fragen möchte ich in dieser Hausarbeit nachgehen und dabei auch unterschiedliche Denkschulen des Realismus (in dem möglichen begrenzten Rahmen) betrachten.

Ein Freundschaftsvertrag klingt in erster Überlegung nach einem Schritt liberaler Außenpolitik, da hier innenpolitische Anpassungen (z.B. Annäherung Bildungssysteme, Sozial- und Arbeitsmarktstandards, Energiepolitik) mit der Außenpolitik zusammenlaufen und gleichzeitig Systeme der Ordnung, Gerechtigkeit und internationaler Institutionen gestärkt werden sollen (vgl. Dunne 2017, S. 118). „Freundschaft" ist eben kein Merkmal im Wettkampf und Anarchie zwischen Staaten und in dem Krieg als Macht- und Unsicherheitsfaktor allgegenwärtig ist, wie im Realismus. Doch grade die blutige Historie Frankreichs und Deutschlands scheint ein Beweis des kriegerischen Wettkampfs um Unterdrückung und Überleben von Staaten zu sein. Wie passt dazu ein „Freundschaftsvertrag"? Aus diesem Grund habe ich die Theorie des Realismus als Bezugspunkt gewählt - um diese Widersprüche offenzulegen und in Frage zu stellen.

In einem ersten Schritt wird der zugrunde liegende Élysée-Vertrag und der Vertrag von Aachen sowie deren jeweiliger Entstehung kurz vorgestellt. Als Schwerpunkt werden anschließend die Artikel zu außen- und sicherheitspolitischen Zielen im Vertrag von Aachen beleuchtet. Nach einer Vorstellung des Realismus werden diese Ziele im Hinblick auf realistische Politikansätze eingeordnet und analysiert. Dabei gilt es den Fokus auf die gemeinsamen Bestrebungen in supra- und internationalen Institutionen, die Positionierung der beiden Länder in der Staatengemeinschaft sowie auf den Umgang mit souveräner Machtinstrumente des jeweiligen Staates zu legen. Im darauffolgenden Fazit kann dann bewertet werden, inwiefern realistische Politikansätze dem Vertrag von Aachen zugrunde liegen oder ob der vermeintliche Widerspruch bestehen bleibt.

2. Der deutsch-französische Freundschaftsvertrag
2.1. Der Élysée-Vertrag von 1963
Der offizielle Titel des Élysée-Vertrags lautet „Vertrag zwischen der Bundesrepublik Deutschland und der Französischen Republik über die deutsch-französische Zusammenarbeit" und wurde am 22. Januar 1963 vom französischen Staatspräsidenten Charles de Gaulle und dem deutschen Bundeskanzler Konrad Adenauer im Pariser Élysée-Palast unterschrieben. Sie haben damit eine Feindschaft beendet, die 400 Jahre vorher mit den Kriegen zwischen Franz I. von Frankreich und Kaiser Karl V. begonnen hat und so „ein Blatt der Geschichte gewendet" (Osterheld 1976, S. 616). Dabei ist die Unterschrift zum Vertrag nicht als der Beginn der Zusammenarbeit anzusehen. So wurde 1952 auch unter dem Eindruck des Ost-West-Konfliktes

mit der Europäischen Gemeinschaft für Kohle und Stahl (EGKS) erste Schritte für europäische Zusammenarbeit gelegt. Mit dem Beitritt der jungen Bundesrepublik zur NATO 1955 sowie der Gründung der Westeuropäischen Union (WEU) als militärischer Beistandspakt im gleichen Jahr waren die westeuropäischen Staaten und insbesondere Deutschland und Frankreich zusammengerückt. Mit dem Vertrag von Luxemburg vom 27. Oktober 1956 wurde darüber hinaus die wirtschaftliche und politische Rückkehr des Saarlands von Frankreich an die Bundesrepublik geregelt und mit der Gründung der Europäischen Atomgemeinschaft (EAG/EURATOM) und der Europäischen Wirtschaftsgemeinschaft (EWG) die europäische Integration ein Jahrzehnt nach Ende des zweiten Weltkrieges vorangetrieben. Daher stellt sich die Frage, warum zusätzlich zu dieser faktischen Zusammenarbeit und Aussöhnung ein eigener Vertrag zwischen Frankreich und Deutschland geschlossen wurde (vgl. Weidenfeld 1983, S. 1296).

Für die Französische Republik und ihren Präsidenten Charles de Gaulle (im Amt 1959 - 1969) lassen sich neben idealistischen Motiven und der geostrategischen Sicht auf das östlich gelegenen Deutschlands als Puffer zum Warschauer Pakt, drei Hauptmotive feststellen, die zu dem Élysée-Vertrag führten. Zum einen war es Frankreichs Ziel nach dem Wiederaufbau zu alter Stärke und Rückgewinnung der Machtstellung in der Internationalen Politik zu gelangen. Dazu gehört auch weiterhin - trotz de Gaulles Ablehnung des Kommunismus und der Ablehnung der BRD - eine Entente mit Moskau (vgl. Osterheld 1976, S. 614). Dennoch sah man in dem wirtschaftlich erstarkten Deutschland einen „Juniorpartner" für die Durchsetzung der eigenen Ziele in Europa gefunden zu haben und ebenso Deutschland besser kontrollieren zu können (vgl. Zervakis & von Gosslar 2003, S. 7). Gleichzeitig betrachtete man die Vorherrschaft der zwei Supermächte (USA & Sowjetunion) mit großem Argwohn und misstraute den Sicherheitsversprechen der USA, die schon in den beiden Weltkriegen erst spät eingriffen (1917 bzw. 1941). So strebte de Gaulle einen unabhängigen Staatenbund Europas - unter französischer Führung - an, der als dritte Kraft ein Garant für den Frieden darstellen könnte und im Konfliktfall autonom agieren könnte (vgl. Osterheld 1976, S. 614). Als dritten Punkt lässt sich darüber hinaus der Wettkampf mit dem Rivalen Großbritannien feststellen. Das zeigt der Widerstand Frankreichs zum Beitritt Großbritanniens zur EWG sowie de Gaulles Ansicht, der Großbritannien als ebenbürtigen Rivalen mit Atomwaffen als „Trojanisches Pferd der Amerikaner sah" (Schröder 1976, S.624). Zusammenfassend lässt sich resümieren, dass einer der Hauptgründe für Frankreich für die Zusammenarbeit mit Deutschland war, die eigene Hegemonie in Europa sicherzustellen.

Für Deutschland und seinem Bundeskanzler Konrad Adenauer (im Amt 1949 - 1963) waren die Ziele der deutschen Außenpolitik nach dem 2. Weltkrieg die Wiedervereinigung, Westintegration, Wiederaufbau sowie die Rückgewinnung der Souveränität. Bis auf die

Wiedervereinigung waren - wie oben beschrieben - alle weiteren Punkte im Jahrzehnt nach der Gründung der Bundesrepublik erreicht. Dennoch gab es auch für Deutschland mehrere Gründe, die für ein vertieftes Verhältnis mit Frankreich sprachen, auch wenn sich diese nicht automatisch mit den französischen Interessen deckten. Wie de Gaulle sah auch Adenauer in der wirtschaftlichen Verflechtung beider Länder einen Garant für Frieden in Europa und zog so die Lehren aus der jahrhundertealten Feindschaft (vgl. Wenger 1976, S. 626). Doch wie für Frankreich war auch für Deutschland das Verhältnis zur USA und Großbritannien ein Auslöser. So sah man auch in Deutschland nach der Kuba-Krise 1962 eine Verminderung der Sicherheitsgarantien durch die USA. Außerdem bestand die Sorge, dass durch die Entspannungspolitik Großbritanniens Ende der 50er Jahre der Status Quo des getrennten Deutschlands verfestigt wurde. In dem gemeinsamen Auftreten mit Frankreich gegenüber der USA und Großbritannien, sah man so eine bessere Verhandlungsposition. Doch anders als Frankreich, sah die Bundesrepublik weiterhin die USA und nicht Frankreich als seine Schutzmacht gegenüber dem Warschauer Pakt an (vgl. Rovan 1986, S.130). So wollte Deutschland durch die verstärkte Zusammenarbeit mit Paris auf die eher antiamerikanische Politik Frankreichs positiv Einfluss nehmen (vgl. Zervakis & von Gosslar 2003, S.7). Auf der anderen Seite wollte Deutschland Einfluss nehmen, um eine französisch-sowjetische Entente zu verhindern. So lässt sich festhalten, dass trotz ähnlicher Beweggründe (Friedenssicherung und gemeinsame Stärke) auch sehr unterschiedliche teils widersprüchliche Motive zum Élysée-Vertrag führten und beide Nationen ihren jeweiligen Einfluss erweitern wollten.

Diesen Motiven folgend liegt im Élysée Vertrag der Schwerpunkt auf „Auswärtigen Angelegenheiten" und „Verteidigung". Nur kurze Abschnitte beschäftigen sich mit Erziehungs- und Jugendfragen, Sprachunterricht sowie die Gleichwertigkeit von wissenschaftlichen Abschlüssen und der Zusammenarbeit in der Forschung. Einer der wesentlichsten Punkte ist die mindestens zweimal jährlich stattfindende Zusammenkunft der Staats- und Regierungschefs, um konvergente Positionen zu aktuellen politischen Fragen zu erarbeiten (vgl. Zervakis & von Gosslar 2003, S.8). Gleichzeitig wurden regelmäßige Treffen der Außen-, Verteidigungs- bzw. Armee- und Jugend- bzw- Familienministern sowie der Generalstabschefs beider Staaten vereinbart. Neben dieser organisatorischen Zusammenarbeit wurde vertraglich festgeschrieben, dass vor jeder wichtigen außenpolitischen Entscheidung sich gegenseitig konsultiert wird und so weit wie möglich eine gleichgerichtete Haltung entstehen soll. Dazu zählen insbesondere:

- „Fragen der Europäischen Gemeinschaften und der europäischen politischen Zusammenarbeit;
- Ost-West-Beziehungen sowohl im politischen als auch im wirtschaftlichen Bereich;

- Angelegenheiten, die in der Nordatlantikvertragsorganisation und in den verschiedenen internationalen Organisationen behandelt werden und an denen die beiden Regierungen interessiert sind, insbesondere im Europarat, in der Westeuropäischen Union, in der Organisation für Wirtschaftliche Zusammenarbeit und Entwicklung, in den Vereinten Nationen und ihren Sonderorganisationen." (Élysée-Vertrag 1963, online)

Mit dem Vertrag bzw. schon in den Jahren nach dem 2. Weltkrieg gelang es nach Jahrhunderten der Feindschaft der beiden Länder zumindest organisatorisch in eine Freundschaft zu verwandeln, auch wenn wie aufgezeigt, ganz unterschiedliche Motive dazu geführt haben. Sie haben damit die Grundlage für eine deutsch-französische Hegemonie in Europa und später in der EU gelegt, die Schwankungen unterlag, Verschiebungen der Machtverhältnisse erlebte (insbesondere nach der deutschen Wiedervereinigung 1990) und mit dem der Frieden zwischen beiden Ländern gesichert wurde. Gleichzeitig stieß der Vertrag 1963 bei den europäischen Partnern (insbesondere Italien und die Benelux-Staaten) sowie bei den USA und Großbritannien einhellig auf Ablehnung - weil sie genau diese Hegemonie befürchteten (vgl. Leonhardt 1983, S. 256). Eine Kritik, die sich 56 Jahre beim Vertrag von Aachen wiederholte.

2.2. Der Vertrag von Aachen 2019

Kritik an der Erneuerung der deutsch-französischen Freundschaft gab es innenpolitisch in beiden Ländern aber auch in mehreren EU-Mitgliedsstaaten. So warf der italienische Innenminister beiden Ländern vor, ein „Europa der Bürokraten" geschaffen zu haben und vereinbarte mit dem polnischen Innenminister Schritte, um ein Gegengewicht zur deutsch-französischen Zusammenarbeit zu entwickeln (vgl. Deutsche Welle 2019, online). Auch der ehemalige tschechische Präsident Václav Klaus befürchtet, dass durch das „parallele Integrationsprojekt" ein „Superstaat" entsteht, der Europa beherrschen will (vgl. Spiegel Online 2019, online). Auch wenn inzwischen die deutsch-französische Zusammenarbeit über Jahrzehnte gelebt wird, so erzeugt sie weiterhin Misstrauen und die Sorge nach einer deutsch-französischen Hegemonie in Europa.

Neben dieser Kritik gilt es festzustellen, dass mit dem Vertrag von Aachen auch eine Antwort beider Staaten gesucht wurde, wie mit den diversen Staaten und Gruppen gemeinsam umzugehen ist, die sich in verschiedenen Bereichen gegen mehr europäische Integration stellen. Als Beispiele seien hier die Visegrád Staaten (Polen, Tschechien, Slowakei und Ungarn) mit der Ablehnung einer gemeinsamen Asyl- und Flüchtlingspolitik sowie die „Hanseatische Liga" (Niederlande, Belgien, Luxemburg, Österreich, Schweden, Dänemark, Finnland, Malta, Irland, Estland, Lettland, Litauen) die sich gegen mehr Risikoaufteilung in der Währungsunion stellen. Gleichzeitig stellen sich Deutschland und Frankreich mit dieser vertieften Zusammenarbeit gegen den „europäischen Zeitgeist" in dem nationale Egoismen zunehmen (Demesmay 2019, S. 1). Sie setzen dem Brexit, einem Auseinanderdriften der EU und populistischen und nationalistischen Entwicklungen ein Mehr an Kooperation, Integration und multilaterales Handeln entgegen. Dabei bietet der Vertrag, der als völkerrechtlicher Vertrag eine höhere Verbindlichkeit hat als ein Abkommen, im ersten Schritt Instrumente und Zielformulierungen. Die tatsächliche Wirkung erfährt die deutsch-französische Integration jedoch erst in der Umsetzung (vgl. ebd., S.2).

Der Vertrag von Aachen ist rein quantitativ knapp doppelt so lang, wie der ursprüngliche Vertrag. Als „Ergänzung zum Élysée-Vertrag" (Artikel 27) umfasst er insgesamt 28 Artikel in 6 Kapitel, wobei erneut die außenpolitische Zusammenarbeit an erster Stelle steht. So befasst sich Kapitel 1 mit den „Europäischen Angelegenheiten" (Artikel 1 & 2) und Kapitel 2 mit den Themen „Frieden, Sicherheit und Entwicklung" (Artikel 3 - 8). Anschließend sind im Vertrag Regelungen zur Anpassung des Bildungssystems, grenzüberschreitende Zusammenarbeit, Klimaschutz, digitaler Wandel, wirtschaftliche Zusammenarbeit, Städtepartnerschaften und zu vielen weiteren Themen gefasst, so dass die gesellschaftspolitischen Themen einen deutlich größeren Raum einnehmen als dies im Vertrag von 1963 der Fall ist (vgl. Vertrag von Aachen 2019, online). Hier spiegelt sich auch die gelebte Zusammenarbeit wider, die Brigitte Sauzay mit dem Satz „Aus dem Dialog der Regierungen ist ein Dialog der Gesellschaften geworden" schon zu Beginn des vorherigen Jahrzehnts zusammenfasste (2003, S. 3). So wird die vertraglich festgehaltene deutsch-französische Integration auf die ganze Breite der Policies ausgeweitet.

2.3. Außen- und Sicherheitspolitik im Vertrag von Aachen

Wie beschrieben nimmt die Außen- und Sicherheitspolitik im Élysée-Vertrag und im Vertrag von Aachen einen hohen Stellenwert ein. Ergänzend zu den festgeschriebenen Treffen der Staats- und Regierungschefs sowie der Außenminister ist ein jährliches Treffen beider Regierungen vereinbart worden (Artikel 23) sowie pro Quartal eine „Hospitation" eines Regierungsmitglieds im Kabinett des anderen Landes (Artikel 24). Damit wird der Austausch auf Regierungsebene weiter vertieft.

In der Europapolitik definieren beide Länder zuerst ihre Ziele nach einer fortschreitenden europäischen Integration, bspw. in der Außen- und Sicherheitspolitik, bei der Stärkung der Wirtschafts- und Währungsunion sowie beim Binnenmarkt, sowie die gemeinsame Zusammenarbeit dafür (Artikel 1) um anschließend festzuschreiben, dass „vor großen europäischen Treffen" eine „regelmäßige Konstellation auf allen Ebenen" stattfindet um gemeinsame Standpunkte aber auch gemeinsame Äußerungen festzulegen (Artikel 2).

Auch im Kapitel 2 „Frieden, Sicherheit und Entwicklung" legen Frankreich und Deutschland fest, dass vor allen wichtigen Entscheidungen bei der Außen- und Verteidigungspolitik eine Konsultation stattfindet um anschließend auch gemeinsam zu handeln. Dies ist durch den Zusatz „wann immer möglich" jedoch eingeschränkt worden (Artikel 3). Im Artikel 4 sichern beide Staaten (auch in Bezug auf bestehende NATO- und EU-Verträge) die gegenseitige Unterstützung und Hilfe bei einem bewaffneten Angriff auf die jeweiligen Länder zu. Durch die Ergänzungen „jede in ihrer Macht stehende Hilfe und Unterstützung" sowie die explizit erwähnten „militärischen Mittel" wird dies unterstrichen. Auch in den außenpolitischen Handlungen wird gemeinsames Vorgehen („wann immer möglich") vereinbart und als Grundlage für eine kohärente und leistungsfähige europäische Militärpolitik definiert. Dazu gehört sowohl die Zusammenarbeit beider Streitkräfte sowie der Verteidigungsindustrie. Mit einem „Deutsch-Französischen Verteidigungs- und Sicherheitsrat" wird dieses Ziel auch auf der operativen Ebene festgeschrieben.

Die Zusammenarbeit und der Austausch sowohl der Außenministerien inklusive der diplomatischen Vertretungen bei den Vereinten Nation (UN), in der EU und bei der NATO (Kapitel 5) als auch beim Thema Innere Sicherheit, insbesondere bei Polizei, Terrorismusbekämpfung und in der Justiz (Artikel 6) stehen im Vertrag von Aachen. Dies gilt auch für die Entwicklungspolitik, die hier einen besonderen Fokus auf die Partnerschaft mit Afrika legt (Artikel 7). Der Zusammenarbeit in den Organen und Gremien der UN wird ein eigenständiger Artikel gewidmet. Hier wird zum einen die enge Abstimmung der jeweiligen Positionen als auch das Ziel eines einheitlichen Auftretens aller EU-Mitgliedsstaaten definiert. Zum anderen soll das Bemühen um eine Reform des Sicherheitsrates fortgesetzt werden. Hier wird explizit die Aufnahme Deutschlands als ständiges Mitglied im Sicherheitsrat als „Priorität der deutsch-französischen Diplomatie" festgelegt (Artikel 8).

Insgesamt lässt sich feststellen, dass neben vielen Zielvereinbarungen auch sehr konkrete Maßnahmen bei der Außen- und Sicherheitspolitik vereinbart worden sind. So wird - zumindest vertraglich - eine gemeinsame Politik beider Staaten in der EU und in der Welt auch durch operative Handlungsanweisungen untermauert.

3. Realismus und der Vertrag von Aachen

3.1. Theorie des Realismus

Die Theorie des Realismus ist nicht nur eine Denkschule der Internationalen Beziehungen sondern hat ebenso großen Einfluss in der praktischen Politik. Auch wenn der Realismus erst im 20. Jahrhundert - geprägt von zwei Weltkriegen - zur vorherrschenden Strömung in den

Internationalen Beziehungen avancierte, liegen die Ursprünge schon in historischen Arbeiten zu politischen Theorien. So beispielsweise bei Thucydides, Machiavelli, Hobbes und Rousseau. Schon hier findet sich die Grundlage, die Politik als Kampf um Macht in einem anarchischen System kennzeichnet, die auf das Streben nach Macht als Natur des Menschen zurückgeht (Dunne & Schmidt 2017, S. 102 f.).

In den Jahren zwischen den beiden Weltkriegen begann der Einzug dieses Ansatzes in die Internationalen Beziehungen insbesondere als Gegengewicht zu der als „idealistisch" oder „utopisch" abgetanen Theorie des Liberalismus, die durch Freiheit, Vernunft, der Herrschaft des Rechts und mit Bezug auf innenpolitische liberale Verfasstheit der Staaten und dem Streben nach überstaatlichen Institutionen die Grundlage zur Vermeidung von Krieg und für überstaatliche Zusammenarbeit sieht (Dunne 2017, S. 118).

Mit dem Ausbruch des zweiten Weltkrieges und dem Gefühl der Bestätigung entstanden in den 40er und 50er Jahren des 20. Jahrhundert verschiedene Strömungen und Epochen des Realismus. Im Mittelpunkt steht immer der Wettkampf der Staaten um Macht in einem anarchischen Staatengefüge. Dabei spielen innenpolitische Prägungen der Staaten keine Rolle. Dunne und Schmidt nennen Statism, Survival und Self-Help („Die drei S") als die drei gemeinsamen Grundlagen (Dunne & Schmidt 2017, S. 109 ff.):

- **Statism** kennzeichnet die realistische Grundannahme, dass Staaten die Hauptakteure in der internationalen Politik sind und bspw. Internationale Organisationen, terroristische Netzwerke oder globale Unternehmen keine Rolle spielen. In dieser Anarchie wetteifern Staaten um Macht und Sicherheit in der Überzeugung, dass Macht sich nicht durch eigene Stärke, sondern nur in Relation zu anderen bemessen lässt. In diesem Verhältnis zwischen Staaten bedeutet „more for one actor [...] less for another" (ebd., S. 110).
- Mit **Survival** ist in der realistischen Theorie, die ultimative Sorge aller Staaten ums eigene Fortbestehen gemeint. Auch wenn die unterschiedlichen Strömungen des Realismus darüber streiten, ob das Ziel der Staaten größtmögliche Sicherheit oder größtmögliche Macht ist, so ist das Streben nach eigenem Überleben als einheitliche Grundlage der Theorie zu sehen (ebd.).
- Schlussendlich kennzeichnet **Self-Help** die realistische Erkenntnis, dass kein anderer Akteur für die Sicherheit des Staates sorgen kann als der Staat selbst. So ist Krieg im anarchischen System immer eine Möglichkeit und nur die eigene militärische Vorbereitung kann vor Angriffen und Eingriffen anderer Staaten schützen. Das sorgt für eine Dominanz von Sicherheitsinteressen („high politics") vor allen anderen politischen Themenfeldern („low politics") sowie einer Ablehnung vertrauensvoller Zusammenarbeit

(vgl. Schörnig 2003, S. 61). Eine Aufrüstung des einen Staates zieht in diesem Gedanken ein Mithalten bzw. Aufrüstung anderer Staaten (besonders der Nachbarländer) nach sich. Eine ähnliche Stärke und Verteidigungskraft der verschiedenen Akteure sorgt so für ein Gleichgewicht - „balance of power" - dass die Freiheit der Staaten sichert. (vgl. Dunne & Schmidt 2017, S. 107 & 111).

Auch wenn sich die Grundlagen gleichen, so haben sich im Realismus mehrere Strömungen ausgeprägt, die sich auch den zeitgeschichtlichen Entwicklungen angepasst haben. Der klassische Realismus des 20. Jahrhunderts, insbesondere geprägt von Hans J. Morgenthau, sieht den Kampf um Macht als Hauptziel aller (internationalen) Politik. Dabei sieht er die Machtsicherung, den Machtausbau und die Machtdemonstration der Staaten schon in der menschlichen Natur („lust for power") begründet (ebd., S. 107). Dem widersprechen Neorealisten wie Kenneth Waltz oder John Mearsheimer, die das Handeln der Staaten nicht in der Natur des Menschen begründet sehen, sondern das Fehlen einer Autorität über den Staaten, das Streben nach Sicherheit und die Schwierigkeit internationale Kooperationen zu schließen als Grundlage für den Wettkampf der Nationen nennen. So wäre laut Waltz für Staaten nicht der Ausbau von Macht („power maximizers") sondern der Ausbau der eigenen Sicherheit („security maximizers") die Triebfeder staatlichen Handelns. Mearsheimer wiederum sieht Staaten als „power maximizer", da er den besten Wegen zur Sicherheit darin sieht, der mächtigste Staat zu sein (ebd., S. 108). In den letzten 20 Jahren ist darüberhinaus mit dem Neoklassischen Realismus eine neue Denkschule entstanden, die die Staaten nicht weiter als „black box" ansehen, sondern innerstaatliche Entwicklungen und nationalstaatliche Sichtweisen in die Außenpolitik und den Umgang mit Macht des jeweiligen Staates miteinbeziehen. Dazu gehört, die Selbstdefinition des Staates, die Wahrnehmung des Staatschefs sowie die Entwicklung der Gesellschaft (ebd., S. 109).

Realismus ist wie aufgezeigt keine einheitliche Theorie, sondern ein Grundkanon von Positionen, die je nach Ansatz und Epoche unterschiedliche Schwerpunkte und neue Ideen mit sich bringt. Daher gilt es auch die vertragliche Zusammenarbeit von Frankreich und Deutschland in dieser Vielschichtigkeit zu analysieren.

3.2. Einordnung der außen- und sicherheitspolitischen Ziele
3.2.1. Vereinte Nationen
Die Zusammenarbeit Frankreichs und Deutschlands bei den Vereinten Nationen wird im Artikel 8 des Aachener Vertrages festgeschrieben (s. 2.3.). Nach der Theorie des Realismus, in der Staaten im Mittelpunkt stehen, spielen internationale Organisationen und Institutionen wie die UN keine Rolle. Dabei hat sich die UN seit ihrer Gründung zum „essential club for states" (Curtis & Taylor 2017, S. 344) entwickelt. Die Mitgliedschaft und Teilhabe eines Staates in der

UN ist so gleichbedeutend mit Legitimation der eigenen staatlichen Autonomie und sorgt für Repräsentanz und Stellung in der Gemeinschaft der Staaten (ebd.). Diese Rolle nicht miteinzubeziehen, ist eine Schwachstelle der Theorie des Realismus (vgl. Dunne & Schmidt 2017, S. 110). In der Praxis werden viele außenpolitische Entscheidungen in den Organen der UN - insbesondere im Sicherheitsrat - getroffen. Hier ist die Republik Frankreich als eine der fünf ständigen Mitglieder mit Veto-Recht ausgestattet (vgl. UN-Charta, Artikel 23(1) und 27(3)). Deutschland ist in den Jahren 2019 und 2020 ein nicht ständiges Mitglied. Die EU ist als supranationale Organisation nicht Mitglied der UN.

In Ergänzung zu Waltz, der im Sinne des Neorealismus, die Stärke von Staaten nicht nur als Macht (power) sondern als Fähigkeiten (capabilities) charakterisiert und hier u.a. die Größe der Bevölkerung und des Staatsgebietes, die ökonomische Leistungsfähigkeit, politische Stabilität und militärische Stärke aufzählt, könnte man die Repräsentanz und Rolle von Staaten auf dem internationalen Parkett als eine der Fähigkeiten hinzufügen (vgl. Dunne & Schmidt 2017, S. 110). Unter dieser Prämisse hat insbesondere Frankreich mit dem ständigen Sitz im Wettkampf der Staaten eine bedeutende Stellung. Das Ziel des Vertrags von Aachen die Positionen und Abstimmungen beider Länder eng abzustimmen und auch mit allen anderen EU-Mitgliedsstaaten eine Einstimmigkeit zu erzeugen, kann so als Erweiterung des einzelstaatlichen Einflussbereiches gewertet werden. Dies gilt insbesondere für die Bundesrepublik, die dadurch Mitwirkungsmöglichkeiten bei der Entscheidung einer der fünf Vetomächte erhält - was in Hinblick auf das Ausscheiden der zweiten europäischen Vetomacht Großbritannien aus der EU an Bedeutung gewinnt.

Das Streben beider Länder nach einem ständigen Sitz Deutschlands im UN-Sicherheitsrat (s. 2.3.) kann ebenso als machtpolitische Erweiterung des Zweierbündnisses und natürlich insbesondere Deutschlands gewertet werden. Es würde einer machtpolitischen Resozialisierung nachkommen (vgl. Hellmann 2004, S. 480 f.). In der Annahme einer Auflösung der bipolaren Machtbalance nach dem Kalten Krieg mit einer unipolaren Überlegenheit der USA (vgl. Dunne & Schmidt 2017, S. 108), kann dieses gemeinsame Streben als eine Balancing-Bewegung gewertet werden um im realistischen Sinne eine „balance of power" (wieder) herzustellen. Die Aussage Stephen Walts „Balance-of-power theory predicts that states will ally against the strongest state in the system [...]" (1997, zit. nach Schörnig 2003, S. 75) würde diese neorealistische Annahme stützen.

Im Vergleich zu anderen Staaten (eine Grundlage realistischer Politik) ist damit diese bilaterale Zusammenarbeit auf der Ebene der UN eine Ausweitung von Macht, Einfluss und Prestige beider Länder. So erklärt sich auch das Streben beider Länder nach einem zusätzlichen deutschen Sitz und nicht nach einem gemeinsamen EU-Sitz, der für Frankreich einen Verlust gleichkäme und so „more for one actor means less for another" (Dunne & Schmidt 2017, S. 110) bestätigt. Dies gilt jedoch alles nur, wenn man der Prämisse folgt, dass die Vereinten Nationen im anarchischen System der Staaten, doch eine entscheidende Bedeutung zukommt.

3.2.2. Europäische Union

Eine ähnliche Prämisse bei der Bewertung muss für die EU als supranationale Organisation gelten. Im Gegensatz zur UN geben hier sogar die Mitgliedsstaaten gesetzgeberische Kompetenzen und weitere staatliche Aufgabenbereiche auch in der Außen- und Sicherheitspolitik ab. Das Vertragswerk von Aachen ist durchzogen von dem gemeinsamen Interesse diesen Weg einer weitergehenden europäischen Integration weiterzugehen. Deutschland und Frankreich streben für Europa eine „wirksame und starke Gemeinsame Außen- und Sicherheitspolitik" (Art. 1) an. Ein weiterer Punkt ist die gegenseitige Konsultation vor großen europäischen Treffen (Art. 2)

Die Verfasstheit der EU und damit auch das vertragliche Streben beider Länder der Ausweitung widerspricht der Theorie des Realismus zutiefst, die nur staatliche Akteure als wesentlich kennzeichnet und mögliches Vertrauen zwischen den Staaten negiert (vgl. Dunne & Schmidt 2017, S. 112). Gleichzeitig findet man schon im klassischen Realismus die Annahme, dass Staaten, die sich durch einen mächtigeren einzelnen Staat oder einer Gruppe von Staaten bedroht fühlen, zum Überleben (Survival) Allianzen mit anderen Staaten schließen und so die Kräfte bündeln. Im Wetteifern des Kalten Krieges bezog sich dies auf den Warschauer Pakt und die NATO (vgl. Dunne & Schmidt 2017, S. 107 f.). Nach der teilweisen Auflösung dieser bipolaren Machtbalance und dem Erstarken neuer Kräfte wie bspw. China, Indien und Brasilien ist damit das Zusammenschließen der europäischen Staaten im Sinne des Realismus eine normale Überlebensstrategie und gleichzeitig wie schon unter 3.2.1. beschrieben als Balancing-Bewegung im internationalen Staatengefüge zu werten.

Die enge Allianz Frankreichs und Deutschlands in der Europäischen Union ist jedoch unter einem anderen Aspekt bedeutend: Hier schließen sich die beiden bevölkerungsreichsten EU-Staaten (Statistisches Bundesamt 1, online), flächenmäßig das größte und viertgrößte EU-Land (Statista 1, online), gemessen am nominalen BIP das wirtschaftsstärkste und drittstärkste Mitglied (Statistisches Bundesamt 2, online) und nach Militärausgaben die zweit- und drittstärksten EU-Streitkräfte (Statista 2, online) zusammen. Auch wenn die Bemessungs-grundlage diskutiert werden kann, ergibt sich hier doch das eindeutige Bild, dass die beiden - im realistischen Sinne - stärksten EU-Staaten hier zusammenarbeiten. Mit dem Ausscheiden Großbritanniens aus der EU verschiebt sich das Machtverhältnis sogar noch weiter zu Gunsten Deutschlands und Frankreich. Es lässt sich feststellen, dass innerhalb des Staatengefüge der EU keine „balance of power" zwischen den zwei großen Kräften entsteht, sondern eine französischdeutsche Hegemonie. Ein Ziel, dass nach der realistischen Theorie Ziel eines jeden Staates ist, wird somit erreicht und mit Artikel 2 im Vertrag von Aachen auch operationell untermauert. Dieses Ziel war schon 56 Jahre vorher eine Grundlage für die Entstehung des Élysée-Vertrages. Es kann bezweifelt werden, ob ein einzelner Staat diese Hegemonie innerhalb der EU erreichen könnte, ohne nicht massive Gegenbewegungen zu provozieren. Im Sinne der Strömung des Offensiven Realismus nach John Mearsheimer (s. 3.1.) kann darüber hinaus festgestellt werden, dass mit der deutsch-französischen Zusammenarbeit eine dominante Kraft in der EU entstanden ist, mit der sich andere Staaten verbünden wollen, statt eine Balance gegen sie zu entwickeln (vgl. Dunne & Schmidt 2017, S. 111). Hier wäre eine Untersuchung interessant, ob die EU-Erweiterungen, in diesem Sinne erklärt werden können und so tatsächlich die „enge Freundschaft zwischen Deutschland und Frankreich für eine geeinte, leistungsfähige, souveräne und starke Europäische Union entscheidend gewesen ist und ein unverzichtbares Element bleibt", wie es in der Präambel zum Vertrag von Aachen heißt. Nach den Ansätzen des Realismus spricht vieles dafür.

3.2.3. Bilaterale Zusammenarbeit

In der Theorie des Realismus ist kein Platz für gegenseitiges Vertrauen oder Freundschaft zwischen Staaten. Im Hinblick auf die jahrhundertelange Feindschaft der beiden Länder, zweier Weltkriege im 20. Jahrhundert mit der gegenseitigen Besetzung von Staatsgebieten, insbesondere französischer Gebiete durch Deutschland, ist ein fehlendes Vertrauen auch verständlich. Die Historie der beiden Länder ist in vielen Bereichen eine Bestätigung des Realismus: „War is always a possibility" (Dunne & Schmidt 2017, S. 111); „[…] the military preparations of one state are likely to be matched by those of neighbouring states" (ebd); „more for one actor means less for another" (ebd., S. 110). Der Aussöhnungsprozess in den 50er Jahren und der Freundschaftsvertrag sind dies jedoch nicht. Doch wie gezeigt (s. 2.1.) stehen hinter dem Vertrag machtstrategische und geopolitische Hegemonie-Bestrebungen, die mit der Ergänzung von Aachen noch vertieft werden.

In der bilateralen Zusammenarbeit im Vertrag von Aachen sind drei Schwerpunkte zu identifizieren:

- Konsultation, Abstimmung und Eintreten für gemeinsame außenpolitische Positionen sowohl in den Organisationen wie UN und EU als auch bei jedem anderen außenpolitischen Handeln (Art. 2, 3, 8)
- Zusammenarbeit und Sicherheitsgarantie bei Angriffen und Gefahren für beide Staaten. Das gilt sowohl bei bewaffneten Angriffen auf das Hoheitsgebiet als auch bei der innenpolitischen Bekämpfung von Kriminalität und Terrorismus (Art. 4, 6)

- Austausch und Hospitation auf Regierungsebene, der diplomatischen Vertretungen, des Militärs und der Verteidigungsindustrien (Art. 4, 5, 23, 24)

Auch wenn in den Artikeln von „Zusammenarbeit" und „gegenseitigem Vertrauen" gesprochen wird, so sind alle drei Instrumente im Sinne realistischer Politik sowohl als Vergrößerung der Stärke und Macht beider Staaten nach Außen und damit als „power maximizer" zu werten und durch die enge gegenseitige Kontrolle und der Verhinderung von Alleingängen im zwischenstaatlichen Gefüge beider Länder als „security maximizer" zu sehen.

Nach Außen waren beide Staaten im Kalten Krieg wortwörtlich zwischen den Fronten der bipolaren Supermächte USA und Sowjetunion und suchten eine eigene Machtbasis um als „Dritte Kraft" die Machtbalance zu verschieben (vgl. 2.1.). Heute ist die nach dem Ost-West-Konflikt unipolare Machtstruktur unter Druck. Neue Akteure, insbesondere China steigen zum machtpolitischen und wirtschaftlichen Herausforderer der USA auf. Nationalismus und Protektionismus bestimmen wieder stärker staatliches Handeln (vgl. Dunne & Schmidt 2017, S. 114). In diesem Wettkampf der Staaten vergrößern - man kann im Hinblick auf die Zahlen wie Militärausgaben, BIP etc. von einer Verdopplung sprechen - Deutschland und Frankreich das eigene Gewicht. Sie verdoppeln quasi ihre Macht und sorgen mit gegenseitigen (auch militärischen) Sicherheitsgarantien für eine größere Sicherheit vor Angriffen von Außen. Beides sind eindeutige Motive des Realismus.

Im bilateralen Verhältnis bilden die beiden Länder mit ihrem früheren Feind eine Allianz um die andere Seite zu kontrollieren und die Macht des jeweils anderen im Auge zu behalten. Und so belassen sie es nicht bei reinem Vertrauen: der Élysée-Vertrag und die Erweiterung von Aachen lassen sich unter diesen Annahmen als gegenseitige rechtliche Verpflichtung deuten, die das Vertrauen auf einen guten Willen des Gegenübers erübrigt. Das Konzept einer „balance of power" sieht schon im Klassischen Realismus des 20. Jahrhunderts vor, dass bei Druck von Außen formelle Allianzen mit anderen Staaten geschlossen werden sollten und so versucht werden soll, die eigene Unabhängigkeit zu bewahren, indem die Macht der Gegenseite geprüft wird (Dunne & Schmidt 2017, S. 107 f.). Auch wenn unter anderen Bedingungen und anderer Denkrichtung entstanden, ist diese Überlegung auf die Nachbarstaaten Deutschland und Frankreich zu übertragen. Damit kann auch die Spirale der Unsicherheit durchbrochen und gegenseitiges Hochschaukeln und Aufrüstung verhindert werden (vgl. ebd., S. 111). Doch im Sinne des „Self-Help" kommt es „nur" zu einer Zusammenarbeit. Eine Zusammenlegung im militärischen oder polizeilichen Bereich findet nicht statt, so bleiben beide Staaten auch alleine handlungsfähig: „States must ultimately rely on themselves to achieve security." (Dunne & Schmidt 2017, S. 111).

4. Fazit

Viele Gründe für die Entstehung des Élysée-Vertrages 1963 sind auf realistische Überlegungen der beiden Staaten zurückzuführen. Dazu gehört das Streben Frankreichs nach einer hegemonialen Stellung innerhalb Europas sowie die Positionierung gegenüber den Rivalen Großbritannien. In der Machtbalance der bipolaren Welt des Kalten Krieges war die europäische Integration und Gründung verschiedener europäischer Organisationen, die später zur Gründung der Europäischen Union führten, der Versuch eine „Dritte Kraft" zu werden. Damit konnte zwei der drei realistischen Bestrebungen nach Überleben (Survival) und die Selbst-Hilfe (Self-Help) maximiert werden. Um das zu erreichen, schlossen sich mehrere Staaten und vorrangig Deutschland und Frankreich in einer festen Allianz zusammen. Auch ein machtpolitischer Gedanke im Realismus. Für Deutschland war es die Rückkehr zur Souveränität, Anerkennung auf der internationalen Bühne und zur Wiedererlangung der territorialen Einheit durch die Wiedervereinigung. Deutschland wurde nach dem zweiten Weltkrieg wieder als eigenständiger Staat ein Akteur der internationalen Politik.

56 Jahre danach finden sich in der Ergänzung zum Élysée-Vertrag, dem Vertrag von Aachen, diese Ansätze wieder, wie unter 3 aufgezeigt wurde. Zuallererst daran zu erkennen, welchen hohen Stellenwert die außen- und sicherheitspolitischen Positionen als „high politics" in beiden Verträgen einnehmen. Festzustellen ist jedoch, dass 2019 die „low politics" deutlich mehr Raum einnehmen als noch im Élysée-Vertrag. Wie gezeigt wurde ist die deutsch-französische Allianz weiterhin ein Mittel der Hegemonie, eine Ausweitung der Sicherheitsbestrebungen beider Länder und nicht zuletzt ein Weg die Machtsphäre auf der internationalen Bühne, insbesondere in der EU und der UN auszuweiten. Auf friedlichem Weg maximieren, ja man kann sogar sagen, verdoppeln beide Länder so ihre Macht und ihre Sicherheit. Auch ein Zeichen für realistische Politik. Für beide Länder ist dies umso wichtiger, wenn in der EU mit dem Brexit und in der Weltpolitik mit der neuen Supermacht China die „balance of power" in Bewegung gerät.

Trotz dieser zwischenstaatlichen Annäherung und dem gegenseitigen Vertrauen (auch wenn man dies zumindest in Teilen als gegenseitige Kontrolle einschätzen kann) bleiben beide Staaten souverän. Im Vertrag von Aachen findet man Annäherung und gemeinsame Gremien sowie Modi der Zusammenarbeit - jedoch keine Zusammenlegungen. Am besten wird dies sichtbar an dem in dieser Hausarbeit vorangestellten Beispiel des ständigen Sitzes in der UN. Im Vertrag von Aachen ist das Ziel ein zusätzlicher deutscher Sitz nicht ein gemeinsamer EU-Sitz, möge er auch noch so sinnvoll oder sehr von Kramp-Karrenbauer ins Spiel gebracht worden sein. Ein EU-Sitz hieße für Frankreich Macht abzugeben. Dies ist zumindest zurzeit für Frankreich keine Option - auch im Sinne realistischer Politikansätze.

Wie in dieser Arbeit aufgezeigt, finden sich im Vertrag von Aachen mehrere Beispiele für realistische Politik. Doch der Widerspruch, ob ein Freundschaftsvertrag Politik im Sinne des Realismus darstellt, lässt sich nicht komplett auflösen. Zu deutlich ist das Streben und der Einfluss inter- und supranationaler Organisationen, das im Realismus keine Rolle spielen sollten - und welches in dieser Arbeit vorangestellter (wenn auch sinnhaftiger) Prämissen bedurfte, um sie als realistisches Machtstreben zu deuten. Zu sehr drängt sich die Frage auf, warum sich z.B. Deutschland von einem revisionistischen Staat zu einem Staat der Stabilität und des Status Quo entwickelt hat (Dunne & Schmidt 2017, S. 109). Hier liegen neoklassische Realisten richtig, die weitere Variablen wie Staatsidentität etc., über den Staat als „black box" hinaus, anlegen wollen. Zu deutlich sind liberale Ansätze zu erkennen, wie gemeinsame Rechtsnormen, Interdependenzen, die Stabilität von Institutionen, internationale Verflechtungen und ökonomische Freizügigkeit.

Der Élysée-Vertrag und noch stärker der Vertrag von Aachen zeigen das Streben zweier liberaler Staaten (Freedom House Index: Frankreich 90/100 & Deutschland 94/100) die über Jahrhunderte mit den Mitteln realistischer Politik bis hin zum (Welt-)Krieg verfeindet waren und sich bekämpft haben und die nun mit Ideen des Liberalismus seit über 70 Jahren im Frieden - sogar in Freundschaft - zusammenarbeiten. Innenpolitischen Machtwechseln und außenpolitischen Umwürfen zum Trotz. Der Weg Europas ist ein Beweis für die These des Demokratischen Friedens (vgl. Dunne 2017, S. 119) und Deutschland und Frankreich sind nicht zuletzt aufgrund ihrer vertraglich festgelegten Zusammenarbeit eine Stütze dieses europäischen Friedens.

Eine spannende Aufgabe wäre es, die Ansätze des Liberalismus im Vertrag von Aachen auszuarbeiten und mit den hier getroffenen Analysen zu vergleichen. Ein Schritt, der den Umfang dieser Arbeit leider überschritten hätte.

Dennoch lässt sich aufgrund der hier aufgezeigten Untersuchung abschließend festhalten, dass der Vertrag von Aachen zwischen Deutschland und Frankreich im Kern einen liberalen Politikansatz verfolgt, sich aber insbesondere in der Außen- und Sicherheitspolitik realistische Ideen der Gestaltung und Deutung von Politik nachweisen lassen. Ein kohärentes Beispiel für realistische Politik ist er nicht.

5. Literaturverzeichnis

Bundesrepublik Deutschland & Französische Republik (1963): Vertrag zwischen der Bundesrepublik Deutschland und der Französischen Republik über die deutsch-französische Zusammenarbeit. [online] URL: https://de.ambafrance.org/Text-des-Elysee-Vertrages [Stand: 10.03.2019]

Bundesrepublik Deutschland & Französische Republik (2019): Vertrag zwischen der Bundesrepublik Deutschland und der Französischen Republik über die deutsch-französische Zusammenarbeit und Integration. [PDF/online] URL: https://www.bundesregierung.de/resource/blob/997532/1570126/c720a7f2e1a0128050baaa6a 16b760f7/2019-01-19-vertrag-von-aachen-data.pdf [Stand: 06.03.2019]

Curtis, Devon E. A. & Taylor, Paul: The United Nations. In: Baylis, John, Owens, Patricia & Smith, Steve (Hrsg.): The Globalization of World Politics. Oxford: Oxford University Press, 2017.

Demesmay, Claire: Vertrag von Aachen: Eine pragmatische Antwort auf europäische Blockaden. In: Deutsche Gesellschaft für Auswärtige Politik e.V. (Hrsg.): DGAP standpunkt. Nr. 2. Berlin: DGAP, 2019.

Deutsche Welle (22.01.2019): Ein Vertrag für den Zusammenhalt der EU. [online] URL: https://www.dw.com/de/ein-vertrag-für-den-zusammenhalt-der-eu/a-47180249 [Stand: 18.03.2019]

Dunne, Tim: Liberalism. In: Baylis, John, Owens, Patricia & Smith, Steve (Hrsg.): The Globalization of World Politics. Oxford: Oxford University Press, 2017.

Dunne, Tim & Schmidt, Brian C.: Realism. In: Baylis, John, Owens, Patricia & Smith, Steve (Hrsg.): The Globalization of World Politics. Oxford: Oxford University Press, 2017.

Freedom House: Freedom in the World Countries 2019. [online] URL: https://freedomhouse.org/report/countries-world-freedom-2019 [Stand: 21.03.2019]

Hellmann, Gunther: Ex occidente Lux … Warum der deutsche Anspruch auf einen ständigen Sitz im UN-Sicherheitsrat schlecht begründet ist und wie Deutschland auf anderem Wege „dauerhaft mehr Verantwortung übernehmen" kann. In: Springer VS (Hrsg.): Politische Vierteljahresschrift 2004, 45, S. 479 - 493.

Kramp-Karrenbauer, Annegret (2019): Europa jetzt richtig machen. In: Welt am Sonntag [online] URL: https://www.welt.de/politik/deutschland/article190037115/AKK-antwortet-Macron-Europa-richtig-machen.html [Stand: 16.03.2019]

Leonhardt, Holm A.: Europa konstitutionell. Politische Machtkämpfe in der EG 1950-1983. Hannover: Leonhardt-Verlag, 1983.

Macron, Emmanuel (2017): Initiative für Europa. In: Französische Botschaft, Presse- und Kommunikationsabteilung [PDF/online] URL: https://de.ambafrance.org/IMG/pdf/macron_sorbonne_europe_integral.pdf?23641/4be243b705d8068173926eeb032184 acc4a1f073 [Stand: 16.03.2019]

Osterheld, Horst: Adenauers Abschiedsbesuch bei de Gaulle - ein Stück deutsch-französische Freundschaft. In: Blumenwitz, Dieter (Hrsg.): Konrad Adenauer und seine Zeit. Stuttgart: Deutsche Verlagsgesellschaft, 1976.

Rovan, Joseph: Zwei Völker - eine Zukunft. Deutsche und Franzosen an der Schwelle des 21. Jahrhunderts. München: Piper, 1986.

Sauszay, Brigitte: Deutschland-Frankreich: Die Herausforderungen für die gemeinsame Zukunft. In: Aus Politik und Zeitgeschichte 2003, B 3-4, S. 3 - 5.

Schörnig, Niklas: Neorealismus. In: Schieder, Siegfried & Spindler, Manuela (Hrsg.): Theorien der Internationalen Beziehungen. Opladen: Leske und Budrich, 2003.

Schröder, Georg: War Adenauer ein Gaullist? In: Blumenwitz, Dieter (Hrsg.): Konrad Adenauer und seine Zeit. Stuttgart: Deutsche Verlagsgesellschaft, 1976.

Spiegel Online (22.01.2019): Tschechiens Ex-Präsident spricht von „Geheimvertrag" [online] URL: http://www.spiegel.de/politik/ausland/vertrag-von-aachen-vaclav-klaus-kritisiert-geheimvertrag-zwischen-deutschland-und-frankreich-a-1249354.html [Stand: 18.03.2019]

Statista (1): Europäische Union: Flächen der Mitgliedsstaaten im Jahr 2019. [online] https://de.statista.com/statistik/daten/studie/326957/umfrage/flaechen-der-eu-laender/ [Stand: 20.03.2019]

Statista (2): Höhe der Militärausgaben in den NATO-Staaten von 2012 bis 2018. [online] https://de.statista.com/statistik/daten/studie/5993/umfrage/militaerausgaben-der-wichtigsten-natostaaten/ [Stand: 20.03.2019]

Statistisches Bundesamt (1): Bevölkerung Europas. [online] URL: https://www.destatis.de/Europa/DE/Staat/Vergleich/DEUVergleich-Bevoelkerung.html [Stand: 20.03.2019]

Statistisches Bundesamt (2): Wirtschaft und Finanzen. [online] URL: https://www.destatis.de/Europa/DE/Staat/Vergleich/DEUVergleich-WirtschaftFinanzen.html [Stand: 20.03.2019]

United Nations Regional Information Centre for Western Europe (UNRIC): Charta der Vereinten Nationen und Statut des Internationalen Gerichtshofs. [PDF/online] URL: https://www.unric.org/html/german/pdf/charta.pdf [Stand: 12.03.2019]

Weidenfeld, Werner: Der deutsch-französische Vertrag in europäischer Perspektive. In: Universitas, 1983, 12, S. 1295-1302.

Wenger, Paul Wilhelm: Schuman und Adenauer. In: Blumenwitz, Dieter (Hrsg.): Konrad Adenauer und seine Zeit. Stuttgart: Deutsche Verlagsgesellschaft, 1976.

Zervakis, Peter & von Gosslar, Sebastien: 40 Jahre Elysee-Vertrag: Hat das deutsch-französische Tandem noch eine Zukunft? In: Aus Politik und Zeitgeschichte 2003, B 3-4, S. 6 - 13.